MINECRAFT

MOJANG

EGMONT

We bring stories to life

Título original: *The Survivors' Book of Secrets*

Primera edición: noviembre de 2016

Publicado originalmente en 2016 en el Reino Unido por Egmont UK Limited,
The Yellow Building, 1 Nicholas Road, London, W11 4AN.

De esta edición para Estados Unidos:
© 2016, Penguin Random House Grupo Editorial USA, LLC.
8950 SW 74th Court, Suite 2010. Miami, FL 33156.

Escrito por Stephanie Milton.
Ilustraciones: Joe McLaren.
Diseño: Andrea Philpots.
Producción: Louis Harvey.
Frases en latín con la colaboración del profesor Roy Gibson
Un agradecimiento especial para Lydia Winters, Owen Hill, Junkboy y Martin Johansson.

© 2016 Mojang AB y Mojang Synergies AB.
Todos los derechos reservados.
"Minecraft" es una marca registrada de Mojang Synergies AB.

ISBN: 978-1-945540-03-5

Impreso en China.

◧MOJANG

SEGURIDAD EN LÍNEA PARA LOS FANS MÁS JÓVENES

¡Pasar tiempo en línea es muy divertido! A continuación algunas reglas para la seguridad de los jóvenes mientras navegan en la red:

– Nunca proporciones tu nombre real, no lo uses como nombre de usuario.
– Nunca des a nadie tu información personal.
– Nunca digas a nadie a qué escuela asistes, ni cuántos años tienes.
– Nunca des a nadie tu contraseña, excepto a tus padres o tutor legal.
– Toma en cuenta que en muchos sitios web debes tener 13 años o más para poder crear una cuenta. Antes de registrarte, siempre revisa la política del sitio y pide permiso a tus padres o tutor legal.
– Si algo te preocupa, habla con tus padres o tutor legal.

MINECRAFT

MOJANG

NE RECTE

DEORSUM

SUFFODITO

EL LIBRO DE LOS SECRETOS
DE LOS SUPERVIVIENTES

ÍNDICE

PREFACIO

SEMPER PARATUS

SIEMPRE LISTO

Este libro contiene el conocimiento colectivo de los Supervivientes.

¿Quiénes son los Supervivientes? Somos un grupo clandestino de expertos en supervivencia, estamos aquí desde los días del Alfa. ¿Nuestros objetivos? Encontrar formas nuevas e inteligentes de lidiar con los mobs hostiles y jugadores oponentes. Para vivir más que los demás. Para ser los mejores.

Quizá te preguntes por qué nunca escuchaste acerca de nosotros. Pues, porque somos así de buenos. Somos expertos en operaciones encubiertas. El engaño es nuestro segundo nombre. Somos invisibles a menos que queramos ser vistos.

Nuestras actividades son numerosas: operaciones para eliminar amenazas crecientes, misiones de vigilancia para evaluar sitios nuevos, bases potenciales, desarrollo de la base, producción de armas a gran escala, entrenamiento práctico en municiones, combate cuerpo a cuerpo y redadas de grupos. Y eso es solo por las mañanas.

Nuestros éxitos son sin duda impresionantes: hemos combatido a mobs del Mundo real, lidiado con facciones enemigas, instalado bases en el Inframundo, y hemos derrotado al dragón del End en múltiples ocasiones.

Por aquí me conocen como El Jefe, líder y miembro fundador de los Supervivientes. He documentado nuestra experiencia para poder transmitir nuestro conocimiento a las generaciones futuras. Las siguientes páginas contienen nuestros planes más astutos y nuestras invenciones más ingeniosas. Tal vez seamos jóvenes, pero créenos: hemos estado en situaciones difíciles más veces de las que podemos contar, y siempre nos las hemos arreglado para salir adelante.

Ahora que has descubierto este libro, sabemos que tienes el potencial para lograrlo. Lo escondimos bien y solo aquellos que lo merecen pueden encontrarlo. Felicidades, eres el dueño de la guía más completa de supervivencia. Estúdiala con cuidado, permite que te inspire, y serás capaz de permanecer vivo por tanto tiempo como nosotros.

The Chief

EL JEFE

——ARMAS CONVENCIONALES Y ARMADURAS——
INFORMACIÓN BÁSICA DE SUPERVIVENCIA PARA EXPERTOS

La regla número uno de supervivencia es "elabora muchas armas". Espadas, arcos y flechas son esenciales para el superviviente experto, y cuando las encantas, las haces más fuertes.

ENCANTAMIENTOS
Haz arcos, flechas y espadas irrompibles, eso aumentará su vida útil y te ahorrará tiempo y recursos. Recomendamos las espadas con apariencia de fuego para incendiar al enemigo y punzones para la potencia de los arcos.

FLECHAS
Mucha gente no lo sabe, pero la flecha espectral puede cambiar tu vida. Dispara a tu enemigo y verás su contorno delineado con una luz fantasmal que te permitirá seguir sus movimientos. Es preciso que hagas un viaje al inframundo, pues requiere una flecha normal y polvo de piedra luminosa, pero cuando te topes con un creeper en una cueva oscura o tengas una emergencia a mitad de la noche, y la flecha se convierta en tu último recurso, descubrirás que vale la pena.

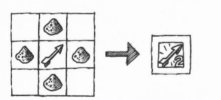

FIG. 1.
Receta para hacer las flechas espectrales.

Dale a tus flechas una actualización letal. Añade pociones nocivas a las puntas para infligir más daño. Puedes elegir pociones para envenenar, debilitar, dañar o entorpecer. Solo combina ocho flechas con poción persistente en tu mesa de trabajo. Sus efectos pueden durar hasta tres minutos, tiempo suficiente para hacer algún daño.

ARMADURAS

Las primeras impresiones son críticas. Muéstrale a tu enemigo a qué se enfrenta, equípate con una armadura encantada de diamante. No solo te dará máxima protección, también estarás enviando un mensaje: tienes el conocimiento y posees los mejores materiales.

Usa tu escudo para hacer una declaración de principios, combínalo con tu estandarte favorito para brindarle un aire general de grandiosidad.

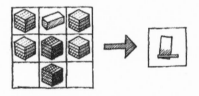

FIG. 2.
Receta para hacer un escudo. Todo lo que necesitas es un lingote de hierro y tablones de madera.

Cuando usas un escudo, tu velocidad disminuye, pero se trata de un precio pequeño, pues hemos descubierto que esto reduce los ataques grupales hasta en 33% y los proyectiles no le causan daño alguno.

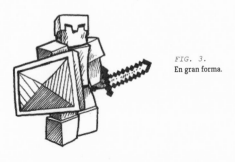

FIG. 3.
En gran forma.

MUNICIONES PRÁCTICAS
QUÉ HACER CUANDO NO TIENES ARMAS REALES

Las cosas no siempre salen de acuerdo a lo planeado y no puedes crear una nueva espada o reabastecerte de flechas cuando más lo necesitas. En momentos así, el arte de las municiones prácticas podría salvar tu vida. Aquí debes tener la iniciativa y tomar materiales de tu entorno inmediato y convertirlos en armas mortales.

CUBO DE AGUA
Un simple cubo de agua puede derribar a tus oponentes, lo que te dará un tiempo valioso para huir.

CAÑA DE PESCAR
¿Te sorprendieron con la guardia abajo durante una expedición de pesca? Usa la caña para golpear a tu atacante, engánchalo como a un pez y lánzalo a un barranco o sobre lava y deshazte de él.

FIG. 4.
Uso adecuado de la caña de pescar para lidiar con un zombi.

HUEVOS DE GALLINA
¿Tienes pocas armas, pero muchos ingredientes para hornear? Usa los huevos de gallina para derribar a tus atacantes. Reserva un lugar para huevos en tu inventario, para recolectarlos durante tus viajes; pueden aparecer en los sitios más inesperados.

BOLAS DE NIEVE

En áreas nevadas puedes hacer bolas de nieve y usarlas para derribar atacantes. Si no vives en un bioma nevado, invierte en un golem de nieve para asegurarte un abastecimiento constante de nieve. Para ello, utiliza dos bolas de nieve y una cabeza de calabaza, enciérralo en un cuarto dentro de tu base y recoge el rastro de nieve que deje a su paso.

FIG. 5.
Golem de nieve dentro de la base
secreta del Superviviente.

ARENA Y GRAVA

¿Varado en el desierto sin madera para hacer armas nuevas? Sorprende a tu enemigo con una trampa de arena. Necesitarás atraerlo al sitio elegido, quitar cualquier bloque de apoyo (las antorchas funcionan bien en estos casos) y deja caer la arena. Este truco también funciona con grava.

FIG. 6.I
El enemigo en posición, debajo
de una gran cantidad de arena
sostenida por las antorchas.

FIG. 6.II
Fuera antorchas, enemigo
sepultado en arena.

Si alguna vez caes en una emboscada como esta, coloca una antorcha o botón en un bloque al lado de tu cabeza para romper la arena y tener espacio para respirar.

No vas a impresionar a nadie si, en mitad de una batalla, te ves obligado a buscar con desesperación en tu inventario la poción correcta. Siempre debes ser ágil y reactivo.

PLANO DE INVENTARIO

Este es el plano de inventario que usan todos los Supervivientes. Se ha comprobado que es práctico y fácil de utilizar. Los artículos están agrupados de manera lógica y siempre en la misma área. Se le da prioridad a los más importantes y están distribuidos según combinaciones clave. Memoriza el plano para que puedas seleccionar lo que necesites tan rápido como sea posible.

FIG. 7.
Plano óptimo de inventario avalado por los Supervivientes.

COFRE DE ENDER

Y ahora, una de nuestras soluciones favoritas de almacenaje, los cofres de ender. Son una manera fantástica de llevar equipo cuando te alejas de tu base. Al abrir uno de estos cofres en el campo tendrás acceso a los artículos guardados en otro cofre de ender en la base. Son resistentes a las explosiones, pero hacerlos resulta tan caro, que duele. Para esto, es necesario un ojo de ender y obsidiana, y la inversión vale la pena porque duplican tu inventario. Colócalos en sitios estratégicos lejos de tu base, o lleva uno contigo para echar mano de sus contenidos donde quiera que estés. Y no debes preocuparte por si alguien lo encuentra, pues nadie, excepto tú, podrá agarrar tus objetos.

Recuerda, al momento de horadar el cofre de ender, debes asegurarte de que tu pico esté encantado con toque de seda o perderás el ojo de ender y solo te quedará la obsidiana.

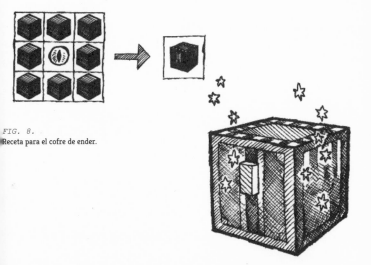

FIG. 8.
Receta para el cofre de ender.

15

COMBATE EN EL FRENTE INTERNO

SI VIS PACEM PARA BELLUM

DISEÑO DE BASE

Si tu intención es sobrevivir mucho tiempo, necesitarás un lugar seguro desde donde dirigir tus operaciones. Pero ¿qué tipo de base es mejor? Eso depende de tu ubicación y de tus objetivos. Debes aprovechar el ambiente que te rodea. Si eres parte de un equipo, necesitarás más espacio, pero más grande no siempre es una buena idea, si quieres pasar desapercibido.

Tienes mucho en que pensar, así que no te apresures a tomar una decisión. Los siguientes planos te ayudarán a evaluar los pros y contras de los seis tipos básicos de base.

1. BASE A NIVEL DE SUELO

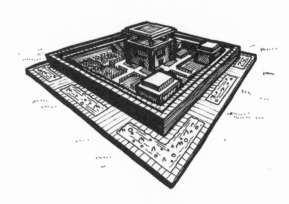

FIG. 9.
Base a nivel
de suelo.

PROS:
- Es el lugar más conveniente para construir una base.
- Puedes reunir recursos del área que te rodea con facilidad y detectar a tus enemigos.

CONTRAS:
- Es imposible que tus enemigos no la vean.

- A menos que esté bien resguardada, entrar no representa un gran desafío para las visitas indeseables.

Si eliges una base a nivel de piso, una isla pequeña es la mejor ubicación, pero cerca de tierra firme para tener acceso a recursos.

2. BASE EN CASA DEL ÁRBOL

FIG. 10.
Base en casa del árbol.

PROS:
- Tendrás una vista panorámica desde las alturas y será más fácil descubrir a tus enemigos.
- Es más difícil sufrir una redada.

CONTRAS:
- Es muy fácil que tus enemigos te localicen.
- No te será fácil llegar a ella.
- Si un grupo de mobs hostiles logra subir y te acorrala, podría usar fuego y hacerte salir con el humo.

Elige el árbol más grande y alto que puedas, de preferencia en la jungla, así es menos probable que los mobs te descubran. Asegúrate de tener una estrategia de salida en caso de emergencia.

3. BASE EN EL CIELO

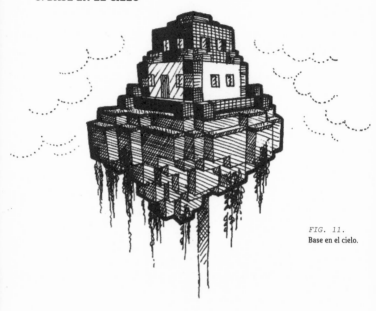

FIG. 11.
Base en el cielo.

PROS:
- Siempre que controles tus puntos de acceso, en terreno alto eres casi intocable.
- Es ideal si sufres ataques constantes, pues frenan o desalientan a tus enemigos.

CONTRAS:
- Construirla puede ser difícil y toma tiempo porque tienes que encontrar el modo de subir y bajar.
- No estás cerca de recursos útiles.

Si eliges una base en el cielo, asegúrate de ubicarla lejos de árboles o tierra alta, pues tus enemigos podrían aprovecharlos para llegar a la base.

4. BASE SUBTERRÁNEA

FIG. 12.
Base subterránea.

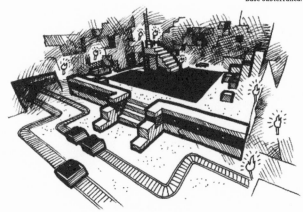

PROS: -
- Está cubierta y, a menos que sepan dónde buscar, es difícil que tus enemigos la encuentren.
- Al excavar para crear tu base subterránea, recolecta recursos (por ejemplo, minerales valiosos que solo se encuentran en el fondo del mundo).
- Si construyes justo en el fondo del mundo, puedes usar la piedra base para el piso. De este modo aseguras que nadie excave un túnel por debajo.

CONTRAS:
- Es difícil estar al tanto de lo que ocurre en la superficie, podrías no saber cuándo se acercan tus enemigos.
- Necesitarás hacer mucho trabajo de minería para construir.
- Es difícil regresar con rapidez a la superficie.

Si eliges una base subterránea, experimenta con pistones para hacer un elevador que te lleve a la superficie. Debes hacer un escondite para el punto de entrada al elevador.

5. BASE EN EL OCÉANO

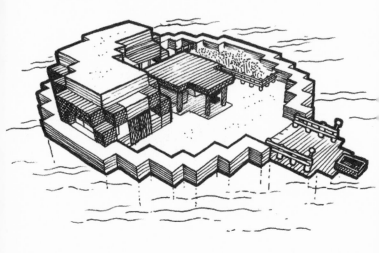

FIG. 13.
Base en el océano.

PROS:
- A menos que tengas un bote y sepas lo que estás buscando, no son fáciles de encontrar.
- Estarás mucho más seguro de la mayoría de los mobs hostiles.

CONTRAS:
- Tendrás que hacer muchos viajes a tierra firme y de regreso para obtener recursos.
- El acceso es complicado.

Si eliges una base en el océano, invierte en algunos botes. Te llevarán a tierra firme de manera más rápida y fácil que si nadaras. Son baratos y fáciles de hacer, solo necesitas tablas de madera.

6. BASE SUBMARINA

FIG. 14.
Base submarina.

PROS:
- A menos que te sigan, es improbable que tus enemigos te localicen.
- Los mobs que viven en tierra no podrán llegar a ti.
- Son inmunes a los ataques con TNT.

CONTRAS:
- A no ser que construyas un túnel desde algún punto en tierra firme hasta la base, existe un problema obvio de acceso y deberías hacer una fuerte inversión en pociones para respirar en el agua y en encantamientos de agilidad acuática.

Si eliges una base submarina, construye un túnel de acceso, así como algunos refugios submarinos en la misma área. Si tu poción para respirar en el agua se termina, o calculas mal una distancia, un solo bloque de aire puede salvar tu vida.

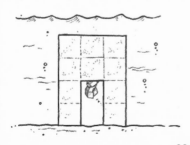

FIG. 15.
Refugio de emergencia
con bloque de aire.

23

DEFENSAS EXTERIORES - DEFIENDE TU TERRITORIO

Sin importar el diseño, tu base debe tener fuertes defensas exteriores para evitar visitas indeseables. Hemos descubierto que la combinación de una zanja de fuego o un foso de agua, con una pared en el perímetro externo, así como una variedad de defensas en la pared base, son suficientes para mantener a raya casi a lo que sea.

ZANJA DE FUEGO

Una vez encendida, la infiedra continúa ardiendo, así que es perfecta para bloquear el fondo de la zanja de fuego. Esta debe ser de por lo menos tres bloques de ancho para detener a cualquier mob hostil.

FIG. 16.
Zanja de fuego. Lo siento, mobs hostiles.

PUENTE LEVADIZO

Coloca trampillas de hierro sobre un foso de agua de dos bloques de ancho. No engañarás a otros jugadores, pues con solo levantar las trampillas podrán cruzar, pero será suficiente para timar a los mobs hostiles.

FIG. 17.I
Este jugador
no nació ayer.

FIG. 17.II
Este creeper, sí.

MURO PERIMETRAL

Los muros perimetrales deben tener puntos de entrada ocultos, si no quieres a medio vecindario en tu territorio. Los muros de capas múltiples son los mejores. Las capas de obsidiana y agua absorben las explosiones ocasionadas por creepers o jugadores enemigos que usen TNT. Una capa de grava o arena dentro de tu muro será un inconveniente para cualquiera. Los pisos de obsidiana detendrán a los que intenten excavar un túnel por debajo.

Coloca una pared de lava entre dos capas de piedra. Cualquiera que quiera atravesarla se llevará una sorpresa letal.

FIG. 18.
El enemigo se encontrará de frente con la capa sorpresa de lava si intenta atravesar el muro.

Una saliente sencilla evitará que las arañas trepen tus muros. Para evitar que zombis y esqueletos la usen para protegerse del sol, utiliza bloques de cristal.

FIG. 19.
La saliente frustrará a merodeadores, arañas y a quienes buscan refugio en la sombra.

GOLEM PROTECTOR

Recluta algunos golems de hierro para defender los muros perimetrales. Recuerda ponerlos detrás de una cerca o sujetarlos con plomo para que no se alejen. Su instinto natural es destruir a los mobs hostiles, excepto a los creepers, por lo que es importante tenerlos de tu parte. Para ello, apila cuatro bloques sólidos de hierro en forma de T y luego coloca encima una cabeza de calabaza.

FIG. 20.
Alfred, el golem de hierro,
residente de los Supervivientes.

Coloca algunos golems de nieve en torretas protegidas por fosos de lava a lo largo del perímetro, para que puedan arrojar bolas de nieve a los mobs que se aproximen. Tus enemigos caerán derribados y desistirán de atacarte. Algunos mobs incluso acabarán en la lava en su intento de vengarse de los golems de nieve.

FIG. 21.
Tina, el golem de nieve, haciendo
lo que mejor sabe hacer.

Solo recuerda que los golems de nieve no durarán mucho en biomas calurosos, tales como desiertos y junglas, o si son expuestos a la lluvia u otra fuente de agua. Es muy útil colocar un techo en cada torreta.

CONTROLES FINALES
Recuerda que debes quitar todos los árboles y nivelar el terreno del perímetro, no des ventajas a los mobs.

FIG. 22.I
Un perímetro bien cuidado.

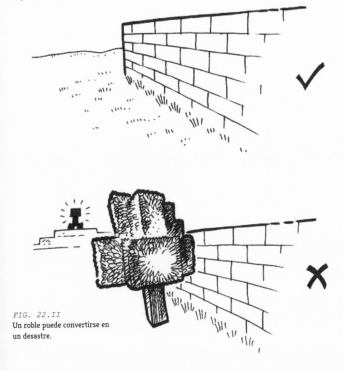

FIG. 22.II
Un roble puede convertirse en un desastre.

DEFENSAS DE LOS MUROS

De ser posible, los muros deben estar vigilados y armados. Las torres de vigilancia y pasillos son la plataforma para que tus aliados y tú patrullen el área en busca de enemigos. Dispón cañones y otros aparatos para disparar sobre cualquier cosa que se acerque demasiado.

Prepara los sistemas de alarma con piedra rojiza, placas de presión y bloques musicales que alerten de la proximidad de monstruos a tu puerta. Este método es muy útil para advertirte del arribo inminente de mobs silentes, tales como los creepers.

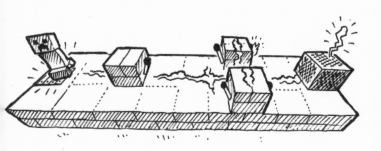

FIG. 23.
Un creeper despistado activa
el sistema de alarma.

Las arañas son los únicos mobs hostiles que pueden verte a través del cristal, así que debes construir ventanas grandes para que puedas ver lo que ocurre afuera.

Coloca cercas en ambos lados de tu puerta para que puedas disparar a través del hueco y evitar alguna intromisión.

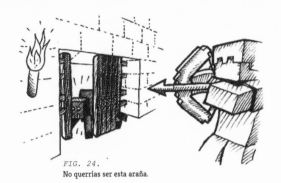

FIG. 24.
No querrías ser esta araña.

Y FINALMENTE ...
Lleva a cabo una última revisión para asegurarte de que no haya huecos en tus defensas. Cuando has trabajado mucho tiempo en la construcción, es fácil pasar por alto puntos vulnerables.

Si tienes tiempo y recursos, construye una base señuelo y oculta tu base real en una colina. Mantendrás ocupados a los invasores (por un tiempo, al menos) y podrás dedicarte a tus asuntos en paz.

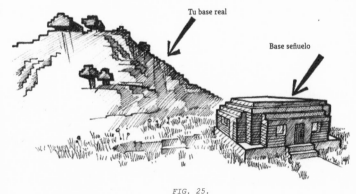

Tu base real

Base señuelo

FIG. 25.
Prepara una base señuelo
convincente.

Nuestro sistema de defensa definitivo ayudará a proteger tu base y mostrará tu astucia a los posibles invasores. Úsalo como un punto de arranque para desarrollar tu propio sistema, los intrusos lamentarán haber puesto un pie en tu territorio.

Cámara de pistones

Cámara de las arañas y esque

Cámara de telarañas

Pozo de lava

Cámara de zombis

FIG. 26.
El mejor sistema de defensa.

Piso de arena de almas y de hielo

Pozo de arañas

Corredor de flechas   Cofre trampa /pozo portal a End   Cofre trampa del pozo de lava

Veamos, a detalle, las características del sistema. Puedes copiar nuestro diseño o inspirarte en él para crear el tuyo. El único punto de entrada, en estos muros impenetrables, conducirá al invasor hasta un corredor pequeño con una puerta sencilla y una palanca. Por desgracia para él, no tiene nada de sencilla. El acceso a tu base le resultará imposible, a menos que se pare exactamente encima del bloque trasero izquierdo. Si no, caerá a un nivel inferior, donde quedará expuesto a una serie de defensas dolorosas y humillantes antes de ser enviado a un sitio del que es poco probable que retorne.

CÁMARA DE TELARAÑAS
Una cámara llena de telarañas nulificará casi por completo el movimiento del invasor. Su salida resultará frustrante y lenta.

CÁMARA DE ZOMBIS
Incluso el invasor más valiente se sentirá alterado.

FIG. 27.
Cámara de zombis.

POZO DE LAVA
Un invasor veloz quizá logre saltar sobre el pozo, pero si falla, tendrá problemas.

CÁMARA DE PISTONES

Cuando se activa, las placas de presión disparan pistones pegajosos colocados de manera estratégica que bloquearán el camino del invasor. Otro irritante contratiempo.

CÁMARA DE ESQUELETOS Y ARAÑAS

Una estancia dentro de esta cámara, aunque sea breve, dejará a tu invasor agitado y vulnerable.

FIG. 28.
Cámara de esqueletos y arañas.

PISO DE ARENA DE ALMAS Y DE HIELO

Si añades hielo debajo de la arena de almas, aumentarás de forma significativa el efecto de lentitud. El invasor pasará un mal rato intentando salir de ahí.

CÁMARA DE ARAÑAS

Aquí, el invasor puede elegir entre enfrentar el pozo lleno de arañas u otra lucha tediosa a través del perímetro cubierto de telarañas.

CORREDOR DE FLECHAS

El invasor podrá correr y llegar al otro lado si es rápido, pero le costará más puntos de salud, pues será bombardeado con flechas.

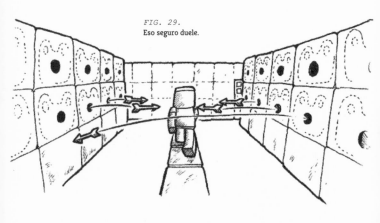

FIG. 29.
Eso seguro duele.

A estas alturas, el efecto acumulativo de los ataques habrá hecho mella en los nervios del invasor. Y ahora, la mejor parte...

COFRE TRAMPA DEL POZO DE LAVA

En cuanto sus codiciosos ojos se posen en el cofre, el invasor creerá que está a punto de apoderarse de tus bienes más valiosos. Pero tan pronto como sus manos levanten la tapa, el piso bajo sus pies desaparecerá y caerá en un pozo de lava.

COFRE TRAMPA /POZO PORTAL A END

El platillo principal de tu sistema de defensas (suponiendo que el invasor no eligió el cofre trampa del pozo de lava) es otro cofre trampa que, al abrirse, hace desaparecer el piso y envía al invasor a la dimensión End, a través del portal End, no sin antes caer en vergonzosa cámara lenta a través de capas y capas de telarañas, lo que le brindará tiempo de sobra para contemplar el horror que le aguarda al otro lado.

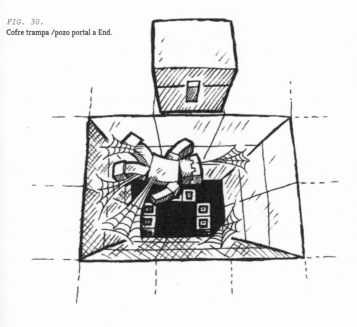

FIG. 30.
Cofre trampa /pozo portal a End.

Tú: 1
Invasor: 0

Construiste una base, pero aún no está en uso. Es momento de pensar en lo que incluirás y cómo acomodarlo. Puedes asomarte al diseño abierto de la base de los Supervivientes, seguro te inspirará.

PRODUCCIÓN DE ARSENAL Y TALLER

Es de sentido común agrupar objetos y almacenarlos de manera lógica. La armadura en un cofre; espadas, arcos y flechas en otro; bolas de nieve y huevos en otro, etcétera.

Coloca cuadros arriba de cada cofre, con la imagen del artículo para señalar su contenido. Así será más sencillo tomar lo que necesites cuando tengas poco tiempo.

FIG. 31.
Cofres con etiquetas claras.

Instala un taller para elaborar, fundir, forjar y encantar objetos y pociones. Si eres parte de un equipo, necesitarás varias mesas de trabajo, yunques, mesas de encantamientos (rodeadas de libreros para que tengas a la mano encantamientos de más alto nivel), soportes para pociones y calderos.

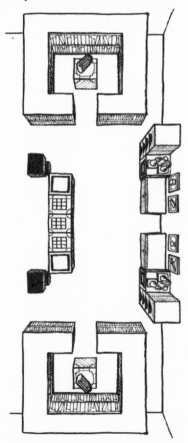

FIG. 32.
Plano del taller
de los Supervivientes.

BENEFICIOS DEL FARO

Un faro es la inversión más cara que harás, pero sus beneficios son enormes. El faro de los Supervivientes ha salvado nuestras vidas en diversas ocasiones. Cuando está instalado sobre una pirámide, un faro es una luz poderosa que puede ser vista desde lejos, además brinda diversos efectos benéficos cuando te encuentras cerca.

Además de obsidiana y cristal, necesitarás una estrella del inframundo, lo que significa que tendrás que enfrentar al infame jefe wither. Pero esa es una película conocida (consulta la página 62 sobre estrategias para derrotar al wither).

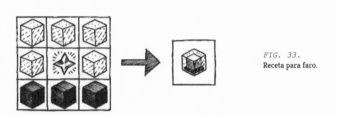

FIG. 33.
Receta para faro.

Hay cuatro posibles niveles de pirámide, necesitarás 9, 34, 83 o 164 bloques. Los bloques pueden ser de hierro sólido, oro, esmeralda o diamante, o una combinación de estos, y deben colocarse de modo tal que tengan una vista, sin obstrucciones, del cielo. Además deberás alimentarlos con un lingote de hierro, oro, esmeralda o diamante. Una pirámide de diamante luce impresionante, pero su beneficio es estético y no provee ninguna ventaja sobre una humilde pirámide de hierro.

FIG. 34.
Nivel 1-4 de estructuras piramidales.

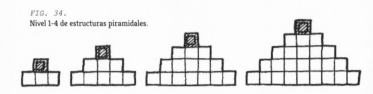

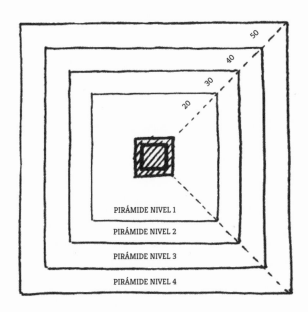

Diagrama con etiquetas: 50, 40, 30, 20, PIRÁMIDE NIVEL 1, PIRÁMIDE NIVEL 2, PIRÁMIDE NIVEL 3, PIRÁMIDE NIVEL 4

FIG. 35.
Diagrama que muestra los niveles piramidales
y los radios correspondientes de efectos de estado.

EFECTOS DE ESTADO

Una pirámide nivel 1 proveerá un efecto de estado de un alcance de 20 bloques. El nivel 2 salta hasta 30 bloques; el nivel 3, hasta 40 bloques, y el nivel 4, a 50. Los efectos del faro incluyen velocidad (incrementa la velocidad de movimiento), prisa (incrementa la velocidad para cavar), resistencia (disminuye los daños, pirámide nivel 2 o más alto), salto elevado (incrementa la altura y la distancia de los saltos, nivel 2 o más alto), fuerza (incrementa el daño infligido en combate directo, nivel 3 o más alto) y regeneración (regenera la salud, solo nivel 4). Una pirámide nivel 4 te permite seleccionar dos efectos, en vez de uno, que tienen mayor distancia y duran más.

CUARTO DE RECUPERACIÓN

Construye un cuarto de recuperación en un área de fácil acceso.

Necesitarás:

- Una cama para que puedas dormir toda la noche. Y no podrás hacerlo si hay mobs hostiles a diez bloques de ti, así que coloca el cuarto tan lejos de los muros exteriores como te sea posible.
- Abundante comida para recuperar los puntos de hambre perdidos.
- Suministro de manzanas doradas.
- Cubos de leche para resistir cualquier efecto de estatus que pudiera aquejarte.

Hemos descubierto que la música nos ayuda a relajarnos, quizá quieras hacer un reproductor para escuchar música mientras te recuperas.

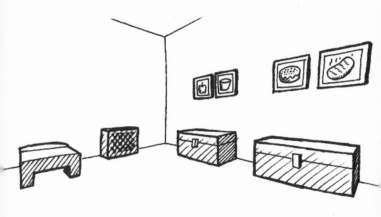

FIG. 36.
Ejemplo de cuarto de recuperación;
te hará sentir mejor, garantizado.

COCINA Y GRANJA

Hay quienes se enganchan de tal manera en la acción y la aventura, que descuidan su salud. Si diseñas una base que incluya cocina y granja, te será más fácil lograr un suministro constante de alimentos y cuidar de ti mismo.

Una granja de cultivo debe incluir trigo, zanahorias, papas, betabel y caña de azúcar. Así tendrás lo necesario para hornear, hacer pacas de heno para sanar a tus caballos, y para atraer y criar animales.

También necesitarás un huerto sustentable de robles para garantizar un suministro de manzanas, ya sea que las prefieras doradas o de otro tipo.

El polvo de hueso es un gran fertilizante para casi todas las plantas. Se hace con huesos, y si lo añades a los cultivos, aceleras el proceso de crecimiento. Ahorra tiempo y abastécete.

Rastrea gallinas, vacas, cerdos y ovejas (al menos dos de cada uno) para que tengas suministro de carne, huevos y leche. También necesitarás caballos para transporte. No olvides que deben reproducirse, o la granja pronto se quedará sin animales.

No olvides los alimentos horneados más complejos, como el pay de calabaza y los pasteles. Estos proveen más puntos de comida, y el pastel se puede compartir entre varios jugadores al mismo tiempo.

FIG. 37.
Postres.

SI PENETRAN TUS MUROS

Incluso los mejores vigilantes pueden sufrir un ataque de jugadores contrincantes o una invasión de mobs hostiles. No importa cuán confiado te sientas en tus habilidades, prepárate siempre para lo peor.

ALMACÉN SECRETO
Un almacén secreto reducirá las posibilidades de que los invasores vacíen tus provisiones o que los creepers las hagan estallar.

Las puertas de un bloque de ancho pueden ocultarse con pintura. Debes señalar dónde pondrás la pintura, como se muestra en la fig. 38. Quizá tengas que hacer más de un intento antes de obtener el tamaño correcto.

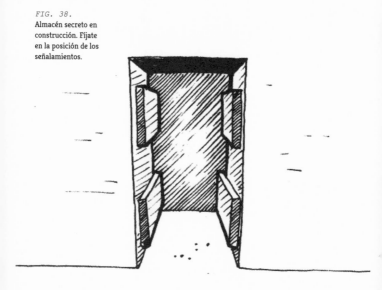

FIG. 38.
Almacén secreto en construcción. Fíjate en la posición de los señalamientos.

También puedes enterrar un cofre debajo del piso para que sea aún más difícil que te saqueen.

Si en tus circunstancias es un hecho inevitable un ataque, debes instalar un almacén secreto fuera de la base. De esta forma, si ocurre lo peor y los invasores te saquean, al menos tendrás algo para recuperarte.

FIG. 39.
Corte seccionado que muestra lo que parece una colina regular, pero en realidad es un almacén repleto de provisiones.

CUARTOS DE PÁNICO

¿Qué hacer cuando lo único que hay es pánico en una situación crítica? Por fortuna existe un cuarto para tal ocasión: el Cuarto de Pánico. Instalado debajo de la base, te permitirá aislarte de los intrusos, quienes no podrán llegar a ti sin que les tome mucho tiempo y esfuerzo.

Son una inversión costosa: los muros, el piso y el techo deben ser de obsidiana para que sean a prueba de explosiones, y necesitarás

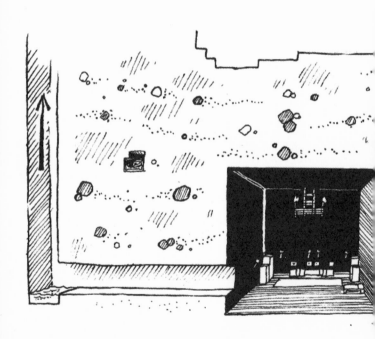

dos bloques adicionales de obsidiana para bloquear la entrada desde adentro y atrincherarte.

Una vez construido, llénalo con suministros, una fuente de luz, comida, una cama, materiales para elaboración y una mesa de trabajo.

También vas a necesitar un túnel de escape para poder salir cuando el peligro haya pasado. El túnel debe conducirte a una salida oculta a nivel de piso, con un sistema para un carro o con salida oculta detrás de una cascada.

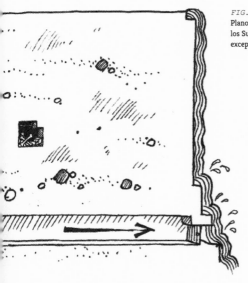

FIG. 40.
Plano del Cuarto de Pánico de los Supervivientes, aún sin usar, excepto en los simulacros.

COMBATE
EN CAMPO

VENIMUS

VIDIMUS

VICIMUS

Quizá la idea te provoque bostezos, pero tomarse el tiempo de explorar te permitirá identificar áreas en desarrollo y de explotación minera, así como cualquier amenaza. Las misiones de reconocimiento salvan vidas.

MISIONES GENERALES DE RECONOCIMIENTO

Invierte tiempo en destruir o inhabilitar los generadores de monstruos cuando te instales en un área nueva. Los generadores son bloques negros en forma de caja que producen diferentes mobs, según el sitio donde se encuentren; lo que sea, desde zombis en calabozos y arañas de cueva en pozos mineros abandonados, hasta blazes en el inframundo. Rompe el generador con un pico de hierro, o mejor aún: coloca antorchas junto y por encima de él, o cúbrelo con lava. Como un bono, ganarás experiencia con cada generador que destruyas, y por lo general hay un cofre con botín en las cercanías. Si decides inhabilitarlos con antorchas, tómate un momento y asegúrate de haber hecho un buen trabajo, es decir, que ya no produzca mobs.

FIG. 41.I
No es suficiente.

FIG. 41.II
Así se hace.

También conviene iluminar el área alrededor tanto como sea posible, para reducir el número de monstruos que se producen al anochecer.

Localiza cualquier peligro en el terreno, barrancas y piscinas naturales de lava, y márcalas con antorchas u otros bloques reconocibles para cuando te acerques a un área peligrosa.

Si descubres una aldea PNJ, no actúes con timidez al usar sus recursos, estarán felices de ayudarte. Interactúa con ellos para saber qué están dispuestos a intercambiar; puedes tomar sus cultivos, revisar los libreros y el contenido del cofre del herrero. A cambio, puedes ayudarlos a fortificar su aldea y así reducir la posibilidad de que sean infectados y se conviertan en zombis, lo que se sumaría a tu lista de infortunios. Construye un muro alrededor de la aldea, ilumina cualquier rincón oscuro y, si no tienen, hazles un golem de hierro que monte guardias.

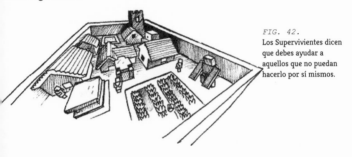

FIG. 42.
Los Supervivientes dicen que debes ayudar a aquellos que no puedan hacerlo por sí mismos.

ATAQUES A BASES ENEMIGAS

Atacar bases enemigas es productivo y divertido. Si tienes éxito reabastecerás tus suministros y, de paso, vaciarás el arsenal enemigo. ¿Qué puede ser más divertido?

Tus probabilidades de éxito mejoran si haces un reconocimiento:

- Identifica debilidades en las defensas de la base que puedas usar como puntos de entrada. Intenta hacer túneles por debajo y atravesar el piso.

- Toma nota del equipo de sus ocupantes, así tendrás una idea del tipo de problemas que encontrarás en caso de una lucha.

- Hazlo de noche para reducir el riesgo de ser visto.

Necesitarás toda tu fuerza para derrotar a los mobs hostiles, y si quieres estar un paso adelante, también vas a necesitar tu cerebro. Hemos estudiado a los mobs desde nuestros días de Alfa y desarrollamos un sistema de niveles para calificar las amenazas. Aquí descubrirás nuestras tácticas favoritas para derrotarlos.

ZOMBIS

Amenaza:		MODERADA

ESTRATEGIAS EN EL FRENTE INTERNO

Construye una zanja de, por lo menos, tres bloques de profundidad alrededor de tu base. Caerán dentro y no podrán salir.

FIG. 43.
La zanja, simple pero efectiva.

La mayoría sabe que deben usar puertas de hierro, en lugar de puertas de madera, para impedir que los zombis entren; como una precaución extra, sería bueno colocar un bloque frente a la puerta o elevar la puerta sobre el nivel del piso. Nunca se dan cuenta de lo que sucede y, por lo general, se rinden y se van.

ESTRATEGIAS DE CAMPO

Colócate encima de dos bloques de tierra y golpea a los zombis desde ahí; ellos, por mucho que lo intenten, no podrán alcanzarte.

FIG. 44.
El jugador está cerca, pero fuera del alcance de los zombis.

Espera un poco entre un golpe y otro. Cuando un zombi (o cualquier otro mob) se pone rojo, significa que ya sufrió daño y de momento es inmune a más golpes, así que solo estarías gastando tu espada.

ESQUELETO

Amenaza:			MODERADA

ESTRATEGIAS EN EL FRENTE INTERNO

Como con los zombis, tu mejor opción es cavar una zanja alrededor de la base y esperar a que los descerebrados cabezas huecas caigan en ella. Cuando amanezca, el sol se hará cargo de lo demás.

Las cercas también evitan que los esqueletos entren en tu territorio.

Asegúrate de colocar las puertas desde el exterior, de lo contrario los esqueletos podrán disparar a través de ellas.

Invierte en una jauría de lobos para ahuyentar a los esqueletos, los encontrarás merodeando en biomas tales como bosque y taiga. Debes domesticarlos y ganarte su confianza con huesos.

ESTRATEGIAS DE CAMPO

Si prestas atención, escucharás cuando se acerquen. Los esqueletos hacen ruido al moverse.

Usa poción de área de curación para hacerles daño.

Si estás en una cueva durante el día, atrae al esqueleto hacia la luz del sol.

SLIME

Amenaza:		MODERADA

ESTRATEGIAS EN EL FRENTE INTERNO

Encoje a los slime infractores, luego deja que te sigan. De este tamaño no pueden hacer ningún daño y es divertido conservarlos como mascotas.

ESTRATEGIAS DE CAMPO

Colócate entre dos bloques, pero deja un espacio de un bloque de ancho. Así tendrás libertad para atacar al slime, y no podrá tomar represalias.

PEZ DE PLATA

Amenaza:		MODERADA

ESTRATEGIAS EN EL FRENTE INTERNO

Al excavar (para una base subterránea), presta atención al tiempo que tardes en extraer cada bloque de piedra. Si toma más de lo normal, es un bloque de pez de plata, y necesitas parar de inmediato.

ESTRATEGIAS DE CAMPO

No sirven para nada, no pierdas el tiempo. La forma más rápida de deshacerte de ellos es volar con TNT el área infestada, o acorralarlos y echarles lava encima.

FIG. 47.
Los peces de plata quedarán sepultados en lava.

ENDERMITE

Amenaza:		MODERADA

ESTRATEGIAS EN EL FRENTE INTERNO
Usa arena de almas en el perímetro, los endermites se hundirán y se sofocarán

FIG. 48.
Lo siento, pequeños.

ESTRATEGIAS DE CAMPO
De nuevo, intenta volarlos con TNT. No sirven para nada y tienes mejores cosas que hacer.

GUARDIÁN

Amenaza:		MODERADA

ESTRATEGIAS EN EL FRENTE INTERNO
A menos que acampes en medio de un monumento en el océano, es poco probable que los enfrentes.

ESTRATEGIAS DE CAMPO

Cuando los guardianes ataquen, trata de esconderte; no son muy listos y si no te ven, se olvidarán de ti.

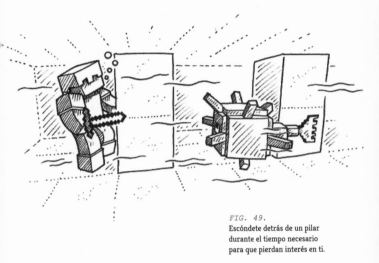

FIG. 49.
Escóndete detrás de un pilar
durante el tiempo necesario
para que pierdan interés en ti.

Su ataque láser penetra la armadura hasta cierto punto, así que invierte en una de diamante encantada si visitas un monumento en el océano.

ARAÑA DE CUEVA

Amenaza:		MODERADA

ESTRATEGIAS EN EL FRENTE INTERNO

Si construyes una base subterránea, evita hacerlo cerca de una mina abandonada, porque ahí es donde se generan las arañas de cueva.

ESTRATEGIAS DE CAMPO

Lo mejor es ir al generador y destruirlo. Si eso no es posible, súbete sobre dos bloques y vacía lava sobre los agresores arácnidos.

FIG. 50.
Ve a explorar las cuevas, dijeron.
Será divertido, dijeron.

ARAÑA

Amenaza:		MODERADA

ESTRATEGIAS EN EL FRENTE INTERNO

Construir salientes en los muros para impedir que las arañas se escabullan por arriba.

Los cactus tienen un excelente efecto disuasorio. Colócalos a un bloque de distancia, las arañas deberán trepar y se harán daño en el intento.

FIG. 51.
Los cactus obligarán a las
arañas a trepar.

ESTRATEGIAS DE CAMPO

Cava un hoyo de dos bloques de profundidad y golpea el vientre de las arañas mientras están sobre ti.

JINETE ARÁCNIDO

Amenaza:		MODERADA

ESTRATEGIAS EN EL FRENTE INTERNO

Tus lobos te ayudarán a lidiar con el jinete arácnido.

FIG. 52.
Los lobos atacarán en grupo
al jinete arácnido.

ESTRATEGIAS DE CAMPO

De nuevo, es buena idea llevar a los lobos como apoyo. Claro que quizá también sea buena idea huir.

ENDERMAN

Amenaza:		SUSTANCIAL

ESTRATEGIAS EN EL FRENTE INTERNO

Instala un riel para carros en el perímetro de la base y coloca varios carros. Si los enderman se acercan, solo empújalos para que caigan dentro de los carros y se vayan de paseo. Ya en el carro, no podrán teletransportarse, pero te serán de utilidad para practicar tu puntería con el arco.

FIG. 53.
Objetivo listo.

ESTRATEGIAS DE CAMPO

Si es posible, mantén la vista baja. Por alguna razón, usar una calabaza sobre tu cabeza te permite verlos.

Construye una torre de tierra sobre tu cabeza para que no puedan golpearte.

Construye un refugio de emergencia de dos bloques de alto. Los enderman no podrán seguirte adentro, pero tú sí podrás golpearlos.

BRUJA

Amenaza:	🎲 🎲 🎲	SUSTANCIAL

ESTRATEGIAS EN EL FRENTE INTERNO

Si una bruja se aproxima a tu base, refúgiate en un muro alto y dispárale con arco y flecha.

Las brujas son inmunes a cualquier tipo de ataque con fuego, así que olvídate de usar lava.

ESTRATEGIAS DE CAMPO

Necesitas moverte con rapidez y dar el primer golpe para que la bruja haga una pausa para curarse. Sabrás que esto ocurre porque la verás beber pociones, y mientras lo hace no podrá atacarte, es entonces cuando debes golpearla un poco más.

FIG. 55.
Un jugador golpea a una bruja que intenta curarse.

GUARDIÁN ANCIANO

Amenaza:		SEVERA

ESTRATEGIAS EN EL FRENTE INTERNO

Los guardianes ancianos solo serán un problema si tienes una base submarina cerca de un monumento oceánico natural. Evita estas áreas y estarás bien.

ESTRATEGIAS DE CAMPO

Usa pilares para protegerte de su ataque con rayos e intenta acabarlo con una espada de diamante encantada. De ser posible, lleva a un amigo; así, mientras uno distrae al guardián anciano, el otro lo ataca.

Amenaza:		SEVERA

ESTRATEGIAS EN EL FRENTE INTERNO

A los creepers les aterran los gatos. Los gatos son muy lindos, así que no hay razón para no invertir en un montón. Ve al bioma de jungla más cercano, lleva pescado y domestica tantos ocelotes como te sea posible.

Instala un laberinto con arena de almas para reducir la velocidad de los creepers.

FIG. 56.
Un creeper retenido en el laberinto con arena de almas en el perímetro de la base.

Construye un pozo de obsidiana para atraparlos.

Un foso lleno de agua es otra buena trampa para los creepers. Si uno explota, el agua absorberá la explosión y los muros de tu base estarán a salvo.

ESTRATEGIAS DE CAMPO
Trata de bloquear la explosión con tu escudo.

Al igual que con los zombis, puedes frustrar los planes destructores de los creepers si te paras sobre dos bloques de tierra y los atacas desde arriba. También puedes sofocarlos arrojándoles arena o grava sobre su cabeza.

EL WITHER

Amenaza:		CRÍTICA (JEFE MOB)

ESTRATEGIAS EN EL FRENTE INTERNO
Nunca generes un wither cerca de tu base, nunca, ni siquiera lo pienses. Idea: trata de generar el wither cerca de una base enemiga y luego huye.

ESTRATEGIAS DE CAMPO
Si decides generar el wither en campo abierto, hazlo lejos de tus posesiones valiosas y, de preferencia, en un pozo de obsidiana.

Comienza con ataques a distancia con un arco encantado (intenta con encantamientos de poder o retroceso). Para este momento, ya debiste haber tomado pociones de salud instantánea y fuerza, además de manzanas doradas. Una vez que hayas reducido sus puntos de salud, acábalo con una espada de diamante encantada. Los encantamientos de filo y golpe son los que mejor efecto tienen.

FIG. 57.
Mantén tu distancia y reduce la salud del wither
con el arco, antes de acabarlo con tu espada.

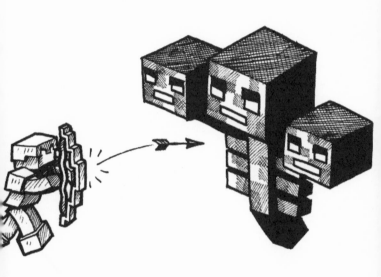

También podrías llevar a tus lobos y los golems de nieve y de hierro
para que actúen como distractores.

JUGADOR CONTRA JUGADOR DE COMBATE
A LA OFENSIVA

Los jugadores enemigos pueden resultar más imprevisibles que los mobs, por lo que deberás emplear todo tu ingenio.

BATALLA UNO-A-UNO

Debes ser cauteloso al rastrear a tu enemigo. Necesitas acercarte tanto como sea posible sin ser visto. Permanecer oculto te permitirá esconder tu nombre, así no podrá verte al acecho detrás de los bloques.

FIG. 58.
Ir al acecho suele tener un gran efecto.

Desde luego, tu vieja amiga la poción de invisibilidad hará que no te vea venir.

Aquí es donde tu misión de reconocimiento rinde frutos. Si conoces el terreno mejor que tu oponente, podrás llevarlo hacia el peligro, mientras tú permaneces a salvo.

Por lo general, lo mejor es ir a terreno alto y hacer que caiga una lluvia de golpes críticos sobre tu oponente.

También es posible acabar con el enemigo si te colocas debajo de él. Trata de ocultarte en un hoyo y golpea sus piernas.

No olvides comer, pero tampoco desperdicies comida. Espera hasta que hayas perdido por lo menos ocho puntos de comida para sacar las chuletas de cerdo. A nadie le gusta una tripa codiciosa.

GRUPOS PEQUEÑOS

Trabajar como parte de un grupo pequeño, de tres o cuatro personas, es una oportunidad perfecta para poner a prueba el arte de la desorientación.

Divide tu grupo en dos. El primer grupo debe posicionarse en terreno alto, dentro de cuevas con vista a un barranco. El segundo debe enfrentar al enemigo. A mitad de la batalla, el segundo grupo debe hacer una maniobra de retirada al barranco, atrayendo al enemigo. La idea es acorralar al enemigo y acabarlo con la ayuda de tus aliados.

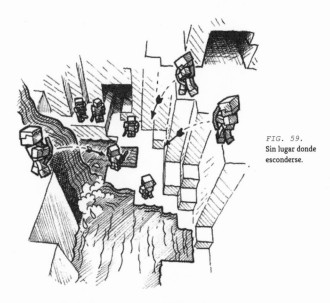

FIG. 59.
Sin lugar donde
esconderse.

GRUPOS GRANDES

Rastrear al enemigo en equipos más grandes aumentará tus probabilidades de tener éxito y podrán ejecutar maniobras más complicadas para un efecto devastador.

Debes contar con varias funciones dentro de tu equipo: arqueros, arroja-pociones y un pequeño grupo de lo que nosotros llamamos juggernauts (jugadores con un gran número de encantamientos encima que pueden soportar mucho daño), así como jugadores armados. No importa qué maniobra uses, tener todos estos elementos te brindará una ventaja.

LA PINZA

Ataca al equipo oponente desde dos flancos para rodearlo y acorralarlo en un espacio pequeño.

El grupo enemigo, rodeado
y acorralado en un espacio
pequeño.

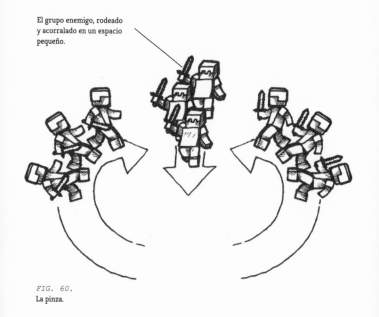

FIG. 60.
La pinza.

LA EMBOSCADA

Lleva a la mitad de tu equipo a campo abierto para atacar a un grupo enemigo e instruye a la otra mitad para que se esconda en la cercanía. Cuando el equipo enemigo crea que va a ganar, es momento de que el grupo oculto salga y ataque. No estarán preparados, y todos saben que no se puede ganar una guerra en dos frentes.

FIG. 61.
La emboscada.

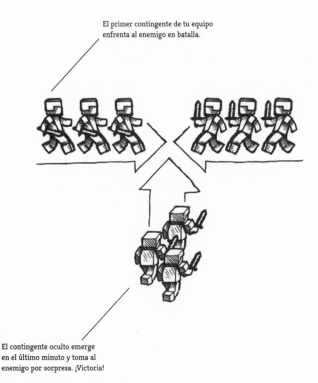

El primer contingente de tu equipo enfrenta al enemigo en batalla.

El contingente oculto emerge en el último minuto y toma al enemigo por sorpresa. ¡Victoria!

Algunos consejos sobre el arte de ganar en las combinaciones.

Logras una combinación, o combo, cuando conectas una sucesión de golpes contra un oponente, sin que este haya tenido ocasión de contraatacar.

Las siguientes combinaciones garantizan obtener resultados y enseñar a tus enemigos que es mejor no meterse contigo.

LA TRIPLE AMENAZA

PASO 1
Lanza una carga ígnea al bloque bajo los pies de tu oponente, causarás gran molestia y, mientras tanto, usa tu espada con apariencia de fuego en su contra.

FIG. 62.1
El oponente se da cuenta de que, de pronto, sus pies están en llamas y al mismo tiempo debe lidiar con la espada con apariencia de fuego.

PASO 2

Arroja una poción de área de daño a la cara de tu oponente para agravar aún más la situación, mientras te proteges con tu escudo.

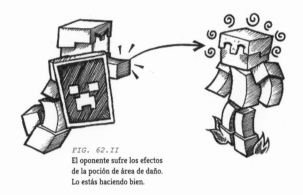

FIG. 62.II
El oponente sufre los efectos
de la poción de área de daño.
Lo estás haciendo bien.

PASO 3

Cuida de no quemarte, retrocede un poco y dispárale una flecha para terminar el trabajo.

FIG. 62.III
Perfora la armadura y reduce a cero
los puntos de salud de tu oponente.

LA PUÑALADA POR LA ESPALDA

PASO 1

Una vez que estés seguro de que quieren pelear contigo, usa una perla de ender y teletranspórtate detrás de tu oponente.

FIG. 63.1
Llegas al punto estratégico detrás de tu desconcertado oponente.

PASO 2

Toma una cubeta de lava y viértela en tu enemigo.

FIG. 63.II
La lava agobiará a tu oponente.

PASO 3

Teletranspórtate una vez más detrás de tu enemigo y acábalo con tu espada con aspecto de fuego justo cuando voltee.

FIG. 63.III
Cuando la espada con aspecto de fuego haga contacto con tu furibundo oponente, sus puntos de salud serán cero.

EL ENGAÑO

PASO 1

Esconde tu equipo de diamante encantado. Golpea a tu oponente con una espada de hierro, luego da la vuelta y corre como si no tuvieras idea de lo que haces.

FIG. 64.I
Corriendo sin sentido para engañar con tu "pánico".

PASO 2

Procura que lo anterior ocurra cerca de un barranco que solo tú conozcas. Salta un poco para que la atención de tu enemigo se centre en ti, y no en el sitio a donde se dirige.

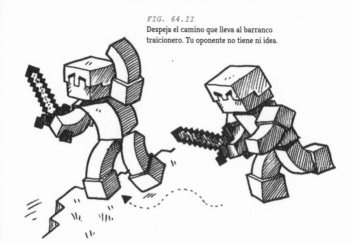

FIG. 64.II
Despeja el camino que lleva al barranco
traicionero. Tu oponente no tiene ni idea.

PASO 3

Usa una perla de ender para teletransportarte detrás de tu enemigo;
golpéalo con la espada de diamante y empújalo al barranco.

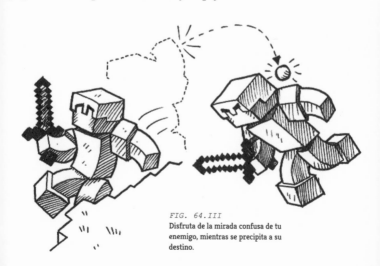

FIG. 64.III
Disfruta de la mirada confusa de tu
enemigo, mientras se precipita a su
destino.

ESTRATEGIAS DEFENSIVAS

Cuando las cosas no están a tu favor, es momento de una retirada táctica.

BATALLA UNO-A-UNO
Si estás escondido, usa la vista en tercera persona para revisar el área sin moverte, ni revelar tu posición.

FIG. 65.
Un jugador haciendo buen uso de la vista en tercera persona para revisar el área.

Cava un hoyo de tres bloques de hondo y salta dentro, después coloca un bloque de cristal sobre tu cabeza. Estarás seguro por un momento.

Si durante una pelea cayeras por un acantilado, usa perlas de ender para teletransportarte o un cubo de agua para detener tu caída.

Si estás atrapado en un espacio pequeño y un flujo de agua o lava viene hacia ti, coloca una escalera o un cartel en el bloque frente a ti para detener el caudal. Tendrás algo de tiempo para escapar con una estrategia ingeniosa.

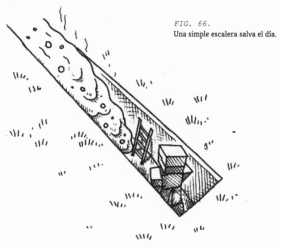

FIG. 66.
Una simple escalera salva el día.

Viajar a caballo te permitirá cubrir más terreno, más rápido, además de poder saltar obstáculos bajos, como cercas.

Puedes usar perlas de ender para teletransportarte y huir de un ataque violento. Una poción de rapidez te permitirá una salida veloz.

La dimensión del Inframundo es un lugar horrible, lleno de lava y mobs hostiles muy peligrosos. Por desgracia, no puedes evitarlo: ahí se encuentran artículos muy valiosos que no podrás hallar en el mundo real. Utiliza nuestras estrategias para mantenerte a salvo y derrotar a las criaturas infernales.

PRIMERO, LO PRIMERO

En cuanto llegues, construye una cerca de cristal alrededor de tu portal al Inframundo, así podrás ver a los mobs hostiles y tu portal estará a salvo de las bolas de fuego de los ghasts, porque ellos no podrán verte.

FIG. 67.
Los ghasts no pueden ver a las personas dentro de casas de cristal.

Si planeas pasar mucho tiempo en el Inframundo, construye un refugio. También considera usar una fortaleza en el Inframundo para tus necesidades. Solo bloquea los generadores de blazers, repara los puentes y muros exteriores y llénala de provisiones, te sentirás como en casa.

Las fortalezas del Inframundo son vastas y sus corredores largos y vacíos lucen todos iguales en la luz sombría. Cuando las explores, conforme camines, coloca antorchas en el muro izquierdo, para que puedas volver por el mismo camino. Sé muy cauteloso al dar vuelta en las esquinas, es probable que te encuentres cara a cara con un mob hostil.

HOMBRECERDO ZOMBI

Amenaza:		MODERADA

ESTRATEGIAS PARA DERROTARLO:

Empújalos por uno de los muchos acantilados que hay en el Inframundo.

Sofócalos con arena o grava.

Vuélalos con TNT. Funciona muy bien, sobre todo si es un grupo.

FIG. 68.
Bueno, no debieron.

No lo intentes con lava, son inmunes a los ataques con fuego.

Súbete en un pilar de tres bloques y golpéalos desde arriba.

BLAZE

Amenaza:				SUSTANCIAL

ESTRATEGIAS PARA DERROTARLO:

Usa la ubicación del generador a tu favor, ve a lo alto de la escalera. Bloquea la escalera, pero deja un espacio de medio bloque para poder golpear, luego espera a que los blazers vayan hacia ti.

FIG. 69.
Uso inteligente del espacio para derrotar a los blazers.

Bebe una poción de resistencia al fuego.

Haz que caiga una lluvia de bolas de nieve sobre ellos.

Como alternativa, lanza la caña de pescar en su dirección y atráelos hacia ti. Acábalos con una espada de diamante encantada.

Amenaza:		SUSTANCIAL

ESTRATEGIAS PARA DERROTARLO:

Si es posible, haz que su tamaño juegue en su contra y atrápalo en un espacio pequeño o en una esquina dentro de una fortaleza del Inframundo. Después, acábalo con una espada de diamante encantada.

Atráelo con una caña de pescar y luego usa la espada para acabarlo.

Escóndete detrás de un muro de bloques y dispárale por diferentes ángulos con arco y flecha. Los ghasts solo disparan bolas de fuego si pueden verte.

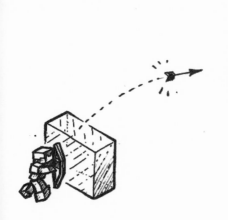

FIG. 70.
Cuando un muro sirve como escudo
durante el enfrentamiento con
el ghast.

ESQUELETO WITHER

Amenaza:		SUSTANCIAL

ESTRATEGIAS PARA DERROTARLO:

Ubícate en un espacio entre dos bloques y blande tu espada contra sus piernas y cuerpos. No podrán seguirte dentro.

Súbete sobre un pilar de tres bloques de alto y golpéalos con tu espada encantada.

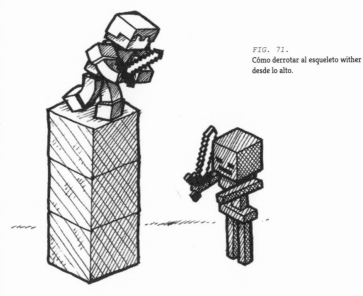

FIG. 71.
Cómo derrotar al esqueleto wither desde lo alto.

Hazlos explotar con TNT.

<u>CUBO DE MAGMA</u>

Amenaza:		SUSTANCIAL

ESTRATEGIAS PARA DERROTARLO:

Corre a terreno alto y dispárales con arco y flecha.

FIG. 72.
Un jugador muy listo que dispara
a un cubo de magma desde terreno
alto.

Golpéalos con tu espada y empújalos por un barranco.

¿Piensas que el Inframundo es malo? La dimensión del End es el sitio más peligroso que hay, pero si puedes derrotar al dragón del End, obtendrás una gran recompensa. El dragón es el mob principal. Nosotros hemos triunfado donde muchos han fracasado. Así que si piensas intentarlo, presta mucha atención a las siguientes páginas.

PRIMERO, LO PRIMERO

El End también está habitado por enders. Necesitarás una cabeza de calabaza o hacer uso de gran autocontrol y mantener la vista en el suelo.

Considera construir un búnker completo, con una mesa de trabajo, horno y cofre para que puedas fabricar más armas.

Lleva un suministro de obsidiana para construir un Cuarto de Pánico, en caso de que la situación no te favorezca.

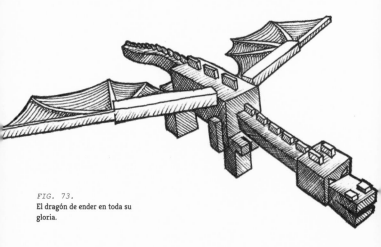

FIG. 73.
El dragón de ender en toda su gloria.

EL DRAGÓN DE ENDER

Amenaza:		CRÍTICA (JEFE MOB)

El dragón de ender dispara su aliento contra el objetivo, una sustancia putrefacta y ácida que causa mucho daño a lo que sea que se cruce en su camino, y claro, también dispara bolas de fuego explosivas.

ESTRATEGIAS PARA DERROTARLO:

Primero, destruye los cristales. Los cristales en los pilares más altos están rodeados de cajas, y como no puedes destruirlas con flechas, deberás escalar los pilares. Intenta usar una escalera o sube apilando bloques de tierra, esto último te permitirá bajar con rapidez.

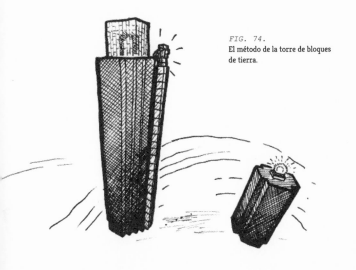

FIG. 74.
El método de la torre de bloques de tierra.

Por instinto, el dragón protegerá los pilares y atacará apenas empieces a escalar. Si logras llegar a la cima y destruir los cristales, no te quedes ahí. Quizá creas que tienes ventaja por estar en un punto alto, pero si el dragón te derriba, y seguro lo hará, perderás una cantidad peligrosa de puntos de salud.

Sabrás que vas por buen camino cuando el dragón se acerque al pódium en el centro de los pilares. Cuando esto ocurra, es momento de sacar tu arco encantado. Si es posible, apunta a su cabeza, no a su cuerpo, para hacer más daño.

Lo que estoy a punto de revelarte quizá te sorprenda: nuestra arma para acabar con el dragón es ¡una humilde cama! Están diseñadas para explotar si intentas dormir en ellas en el Inframundo o en las dimensiones del End, así que coloca una cama en el suelo, espera el momento correcto y trata de dormir en ella para que detone justo en la cara del dragón. Es mejor que una explosión con TNT, pero asegúrate de no morir en el intento. Coloca un bloque de obsidiana entre la cama y tú para que absorba parte de la explosión. Harán falta varias camas para acabar con el dragón, diez es el número que recomendamos.

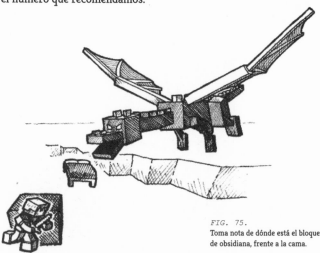

FIG. 75.
Toma nota de dónde está el bloque de obsidiana, frente a la cama.

Una vez que derrotes al dragón, tu recompensa será una enorme cantidad de puntos de experiencia, además de un codiciado trofeo: el huevo del dragón. No lo excaves, usa pistones para empujar el huevo desde su base; pero primero cubre el portal del End, o el huevo podría caer por ahí.

Hace poco descubrimos que cuando el dragón ha sido derrotado, puedes regenerarlo. Haz cuatro cristales de ender, después colócalos en cada lado del portal de salida del End y pronto el dragón volverá a la vida.

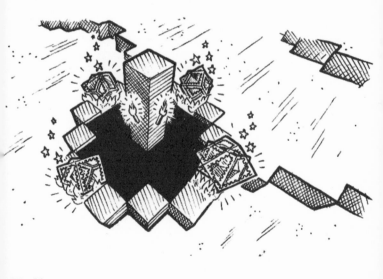

FIG. 76.
Cómo convocar al dragón
del End para el segundo round.

La dimensión del End es muy vasta y hay muchas otras islas que explorar, tu victoria sobre el dragón es solo el comienzo de tu aventura.

De seguro notarás que la puerta del End (la que aparece cuando derrotas al dragón) es tan solo de un bloque de alto y de ancho, y no tan grande para que una persona pueda viajar por ella, pero si arrojas una perla de ender, serás transportado a las islas exteriores.

Al explorar las islas exteriores, deja un rastro de marcadores (antorchas o bloques de roca). Ahí todo luce igual, así que es fácil perderse.

Las ciudades del End, que se encuentran en las islas exteriores, albergan materiales valiosos, como élitros (alas que te permitirán planear por los aires), y varas de End (artículos decorativos que emiten luz). Explora todas las torres que encuentres para localizar el botín.

Cuando explores, ten cuidado: las ciudades del End están llenas de shulkers hostiles.

SHULKER

Amenaza:					SEVERA

FIG. 77.I
El shulker con el bloque cerrado.

FIG. 77.II
El shulker con el bloque abierto

Los shulkers (o acechadores en bloque) son pequeñas y desagradables criaturas que se mezclan con el entorno, así que es fácil que te sorprendan. Las protege un bloque duro, y tienen la facultad de teletransportarse.

Lanzan proyectiles guiados que causan dos corazones de daño y un efecto de levitación. Quizá no suene como el efecto más peligroso, pero cuando acabe, podrías estar a varios bloques de altura y la caída podría matarte.

Si tienes cuidado, puedes usar el efecto de levitación a tu favor; serás capaz de atravesar los vacíos entre las islas y llegar a un sitio nuevo, rápido y fácil.

ESTRATEGIAS PARA DERROTARLO:

Derriba los proyectiles shulkers con tu espada.

Los shulkers reciben más daño al estar abierto el bloque, así que aprovecha cuando la criatura aparezca.

FIG. 78.
Un jugador usa su espada de diamante
para desviar con habilidad los proyectiles
del shulker.

PRO-DESAFÍO
CARRERA DE VELOCIDAD

Ahora que posees muchos secretos invaluables, es momento de ponerte a prueba con una carrera de velocidad al End. Como un último regalo, compartiremos nuestras tácticas para completar la misión final en el menor tiempo posible.

Si lo vas a intentar con tu equipo, divide las tareas que se enlistan en las páginas siguientes, pero asegúrate de que todos tengan suministro de armas y camas.

MATERIAL

Pala de hierro	Tijeras
Pico de hierro	Arco y flechas
Hacha de hierro	Manzanas doradas
Pedernal y hierro	Por lo menos 4 camas
Barca	Esmeraldas
Espada de diamante	Ojos de ender
Pico de diamante	Obsidiana

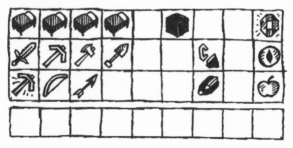

FIG. 79.
Inventario listo
para la carrera de velocidad.

ESTRATEGIA

Lo ideal es que empieces en una villa cerca de un sistema abierto de cavernas y una fortaleza. De este modo tendrás acceso a materiales como pedernal y hierro (muchos caminos son de grava), herramientas y armas, armaduras, manzanas, lingotes y obsidiana (que se encuentra en los cofres de las villas).

Necesitas moverte rápido. Salta mientras corres, así aumentas tu velocidad y puedes recolectar comida; usa el pedernal y el hierro para matar animales, y ellos soltarán carne cocida, lista para comerse.

Recuerda usar una barca si necesitas cruzar grandes cantidades de agua y así llegarás mucho más rápido.

Es momento de hacer amigos con los aldeanos locales:

Algunos aldeanos que usan túnica marrón comercian con arcos y flechas. No todos, así que deberás hacer varios intentos antes de encontrar al correcto.

Los de túnica morada cambian ojos de ender por esmeraldas en el tercer nivel de intercambio. Para desbloquear ese nivel tienes que intercambiar con ellos dos veces.

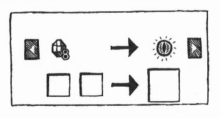

FIG. 80.
Pantalla de intercambio cuando se ha desbloqueado el tercer nivel.

Puedes encontrar ovejas rondando por el perímetro de la villa.

Necesitarás dos lingotes de hierro para crear tijeras para trasquilar las ovejas y fabricar camas con su lana.

Debes hacer una visita rápida al Inframundo. Es poco probable que en esta etapa tengas suficiente obsidiana para el portal, pero puedes obtener más haciendo que fluya agua hacia un bloque de lava. Usa la lava a las afueras de la villa del herrero, o encuentra una piscina de lava y crea una caída de agua. Recuerda, necesitarás un pico de diamante para excavar la obsidiana.

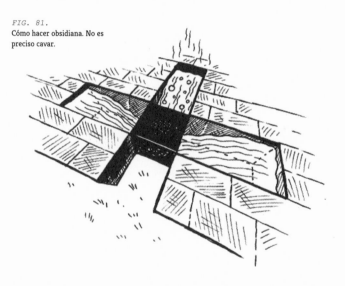

Una vez en el Inframundo, usa rocas para hacer escalones y atravesar cualquier arena de almas. Como sabes, caminar sobre arena de almas hará que te muevas muy lento.

Encuentra la fortaleza en el Inframundo y dirígete al generador de blazers. Ve a la parte superior de la escalera. Bloquea la escalera, pero deja un espacio de medio bloque para poder golpearlos (ver página 78).

Si está muy lejos de tu villa, puedes usar el Inframundo como atajo hacia la fortaleza en el Mundo real, porque un bloque en el Inframundo equivale a ocho bloques en el Mundo real.

Haz tu propio camino hacia la fortaleza. Revisa todos los cofres que encuentres mientras buscas el cuarto del portal del End. Si tienes suerte, quizás encuentres ojos de ender en uno de los cofres; los vas a necesitar para activar el portal.

Si pasas por una biblioteca en la fortaleza, destruye las telarañas y guárdalas para hacer flechas.

Deberás derrotar algunos enderman para conseguir los doce ojos que requieres para abrir el portal.

Ya que estés en el cuarto del portal, llena los huecos con los ojos de ender (varios ya estarán ocupados).

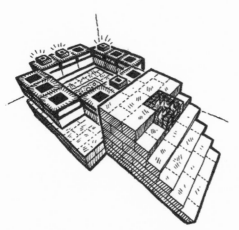

FIG. 82.
Un portal del End,
incompleto.

Cuando llegues al End, sigue las instrucciones que te dimos para derrotar al dragón. No es por presumir, pero lo hemos derrotado con solo cuatro camas. A esto le llamamos el Especial de los Supervivientes.

REPORTE

VERBA
VOLANT
SCRIPTA
MANENT

NOTAS FINALES

Confío en que encuentres valioso nuestro Libro de Secretos y que hayas aprendido muchas nuevas estrategias de supervivencia. Para asegurar que nuestro conocimiento llegue a otros dignos destinatarios, deberás esconder el libro en un sitio nuevo, para que otro Superviviente lo halle.

Hemos dejado las siguientes páginas en blanco para que puedas escribir tus propias notas. Con suerte, enseñarás al próximo lector algunos de tus trucos.

Solo nos resta desearte suerte en tus aventuras, aunque con consejos como estos, quizá no la necesites.

¿Encontraste nuevas y creativas ideas para matar a los mobs hostiles? Toma nota aquí.

Anota tus ingeniosas invenciones aquí.

_____

_____

_____

_____

_____

_____

_____

_____

_____

_____

_____

_____

_____

_____

_____

_____

NOTAS FINALES

Haz un registro de tus mejores movimientos jugador vs. jugador.

¿Ideaste un brillante sistema de defensa para tu base? Explica sus características y haz un boceto.

_____

_____

_____

_____

_____

_____

_____

_____

_____

_____

_____

_____

_____

_____

_____

_____

_____

NOTAS FINALES

Registra tus mejores estrategias en las dimensiones del End y del Inframundo.

_____

_____

_____

_____

_____

_____

_____

_____

_____

_____

_____

_____

_____

_____

_____

_____

_____

¿Cuáles son tus tácticas más furtivas para el ataque?

_____

_____

_____

_____

_____

_____

_____

_____

_____

_____

_____

_____

_____

_____

_____

_____

_____

NOTAS FINALES

Explica tus trampas más exitosas y haz un boceto de las mismas.

_____

_____

_____

_____

_____

_____

_____

_____

_____

_____

_____

_____

_____

_____

_____

_____

_____

NOTAS FINALES

Detalla las victorias más importantes de tu equipo.

_____

_____

_____

_____

_____

_____

_____

_____

_____

_____

_____

_____

_____

_____

_____

_____

_____

NOTAS FINALES

¿Cuáles son tus mejores victorias personales?

_____

_____

_____

_____

_____

_____

_____

_____

_____

_____

_____

_____

_____

_____

_____

_____

_____